Canard et livre a colorier d'oie

Coloring Pages for Kids

Coloring Pages for Kids
An imprint of Ciparum LLC

Canard et livre a colorier d'oie
© 2017 Ciparum LLC
All rights reserved.
ISBN-10:1-63589-476-X
ISBN-13:978-1-63589-476-9

Coloring Pages for Kids

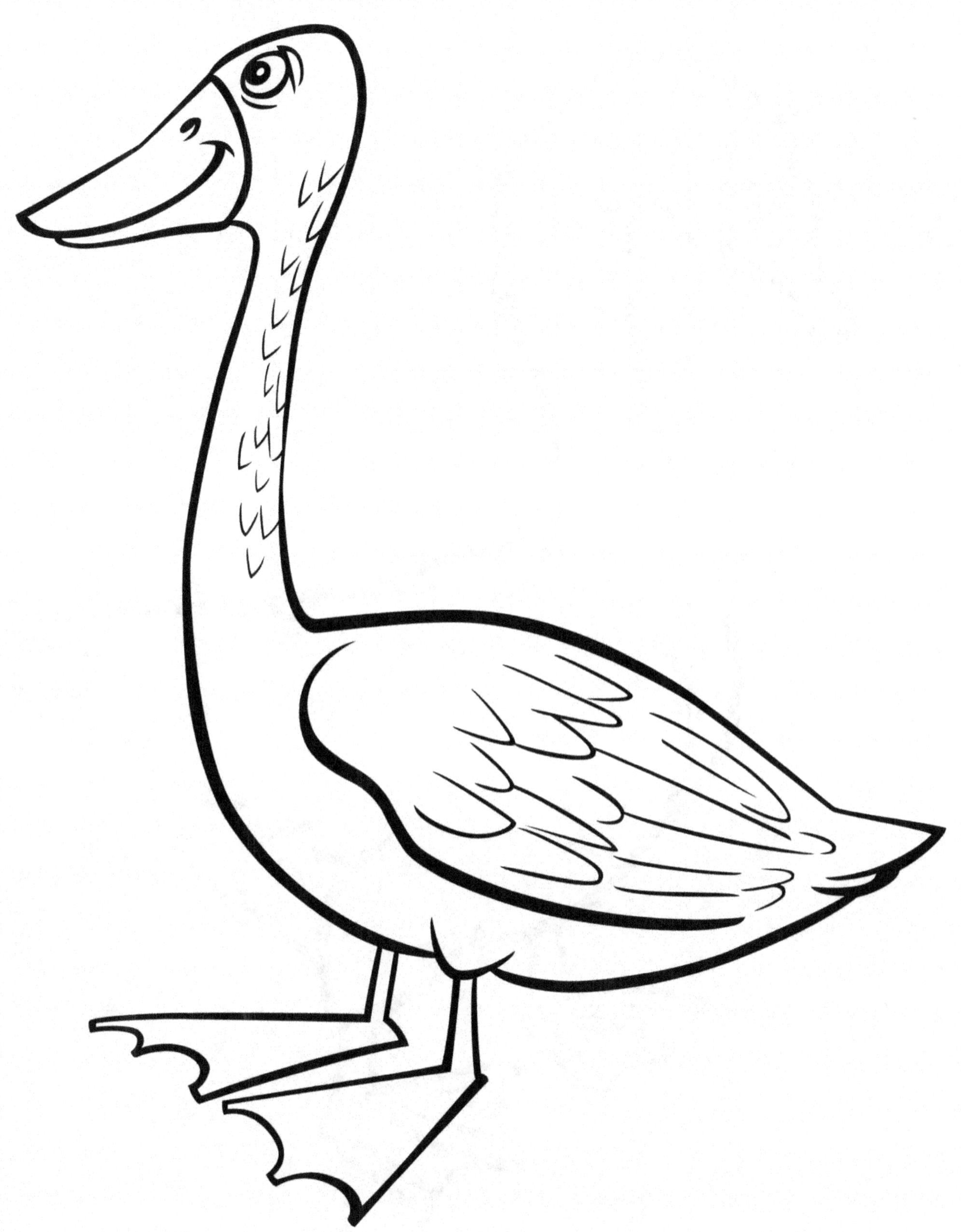

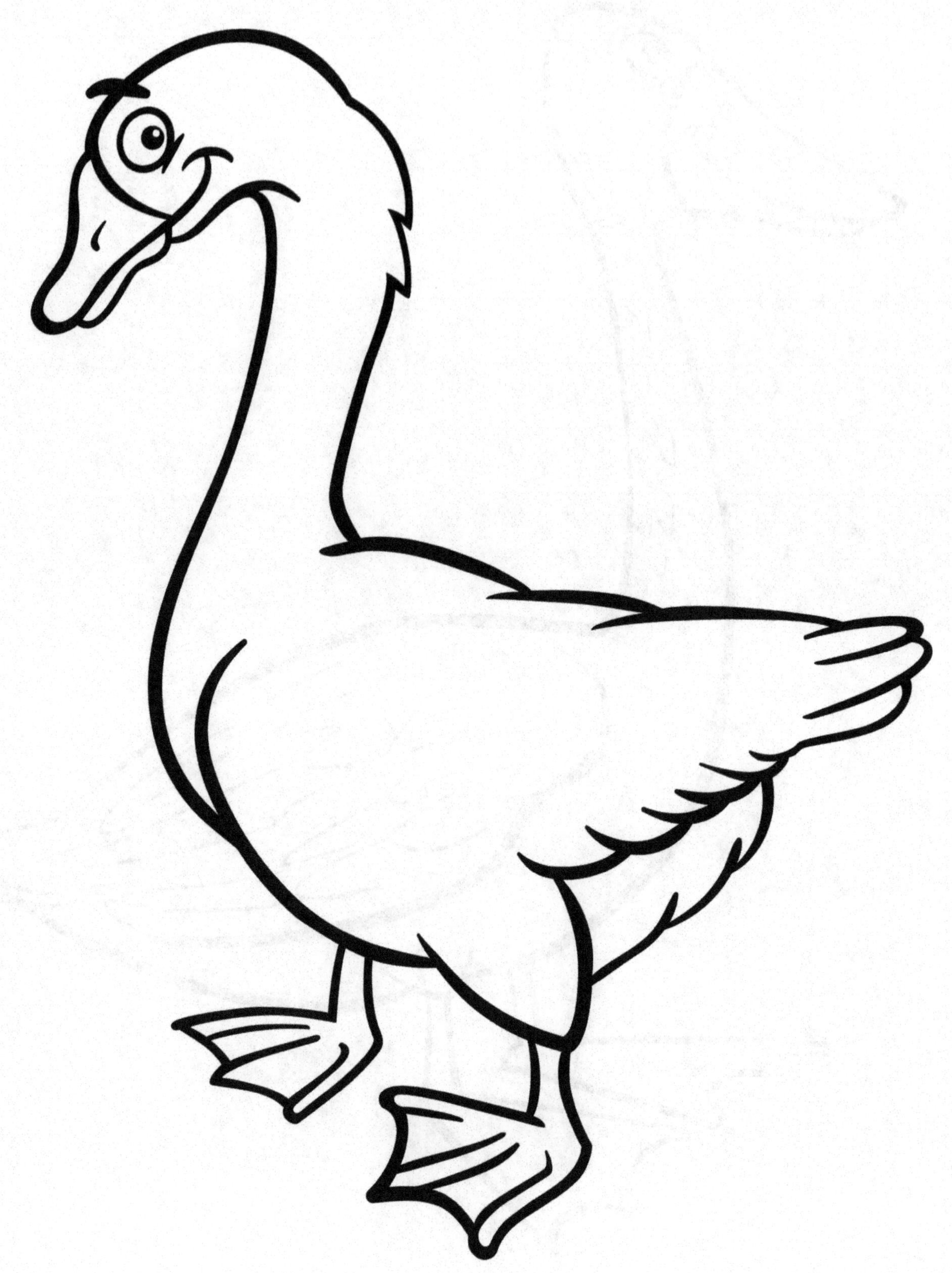

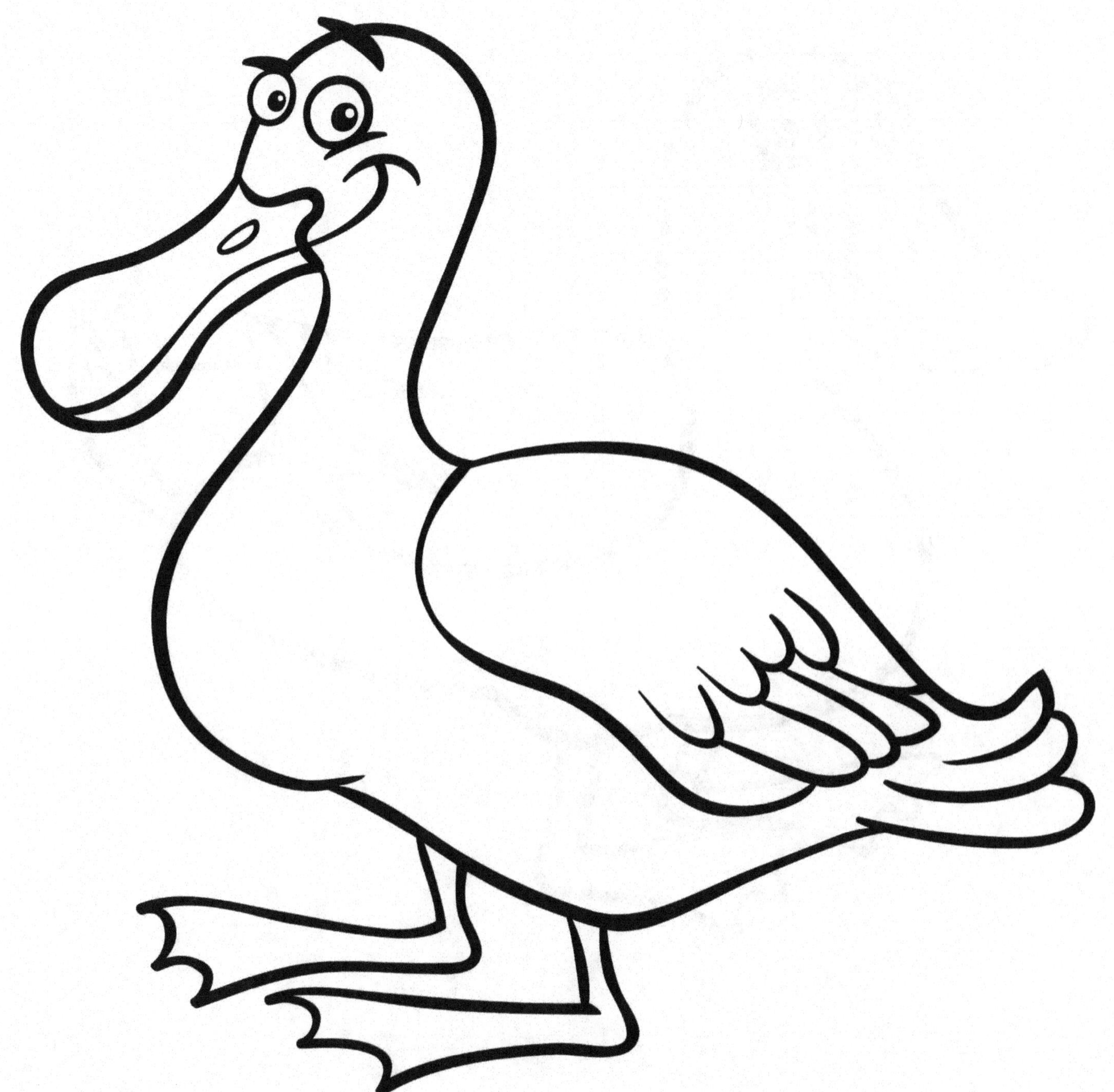

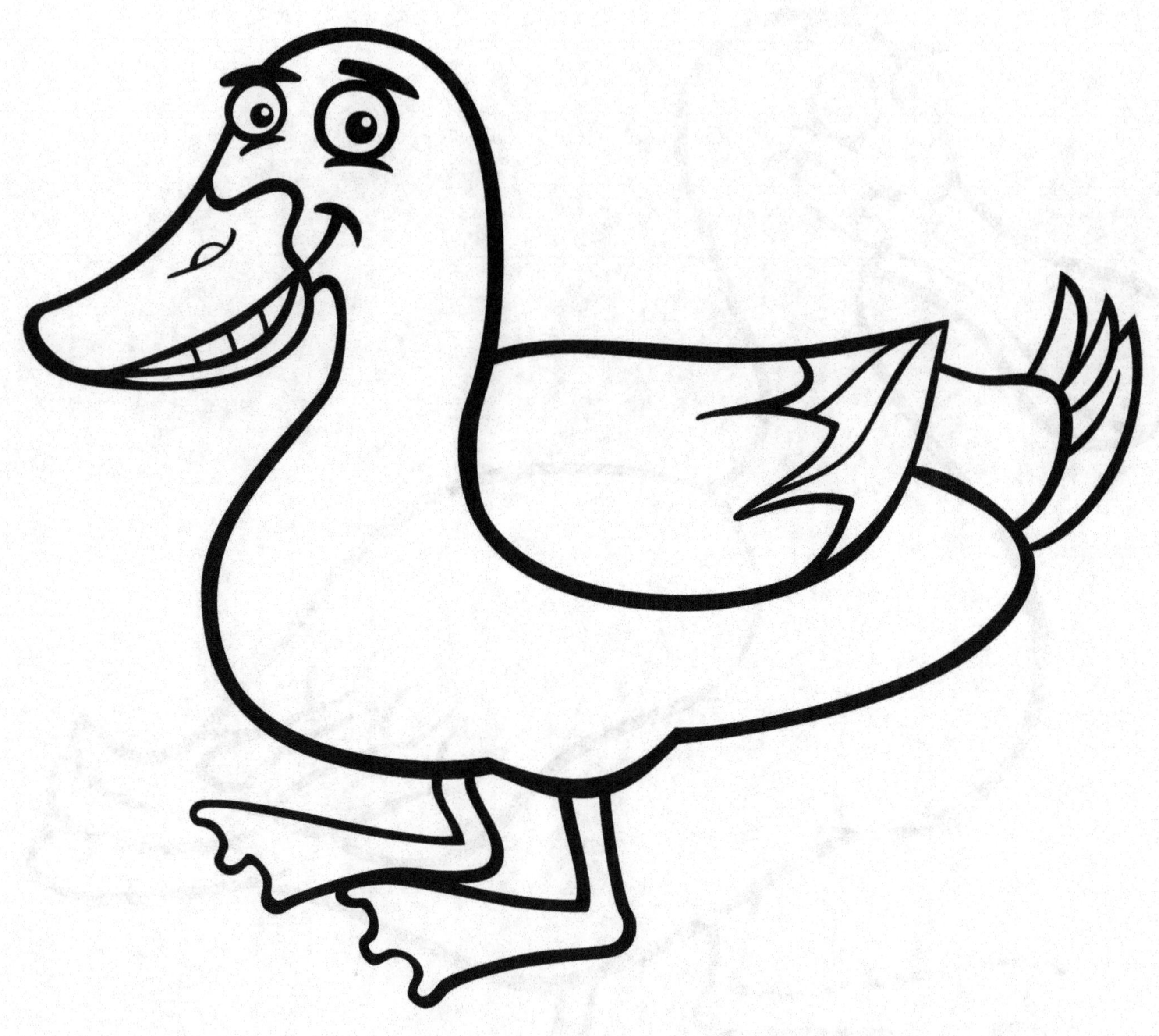

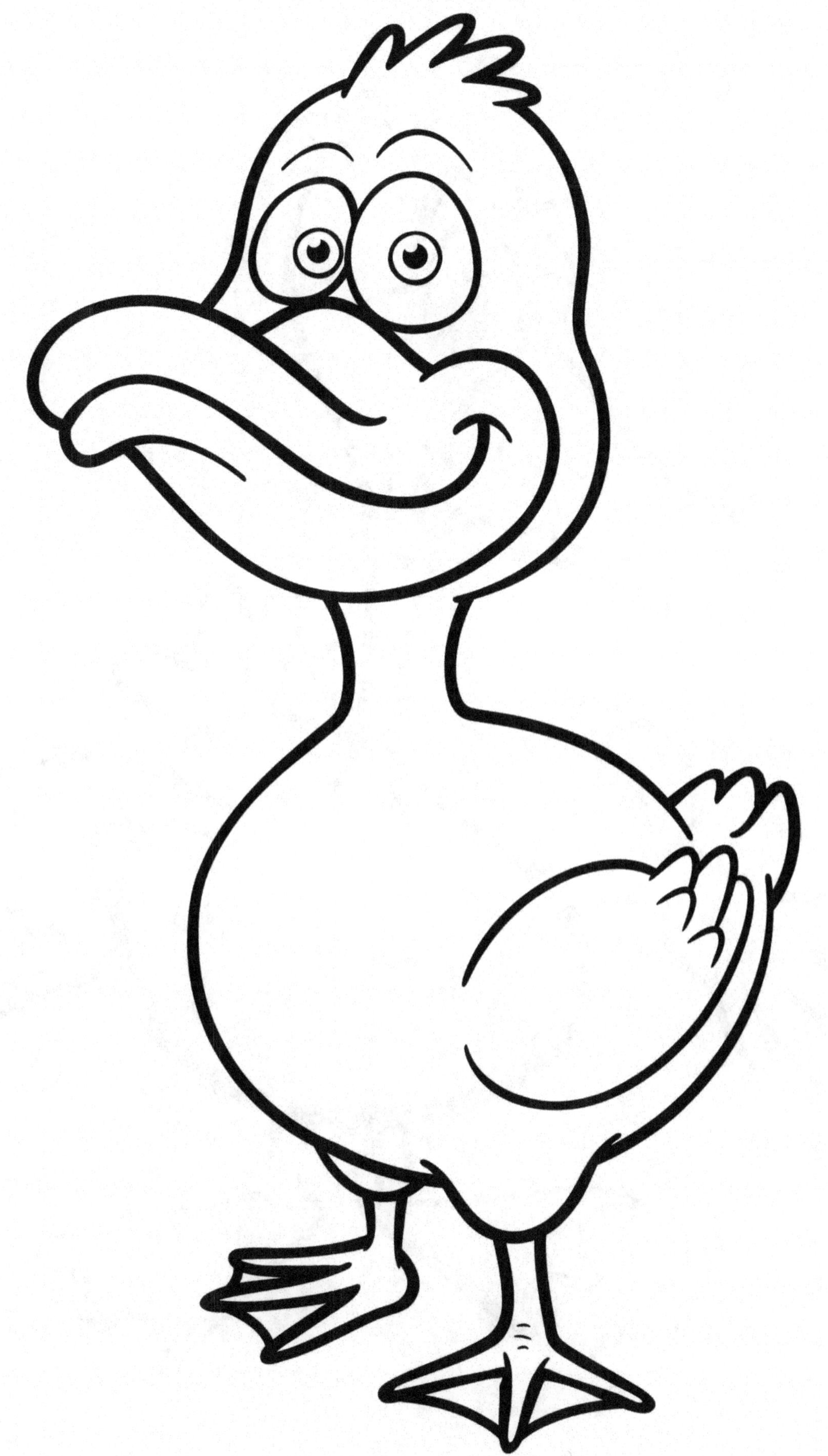

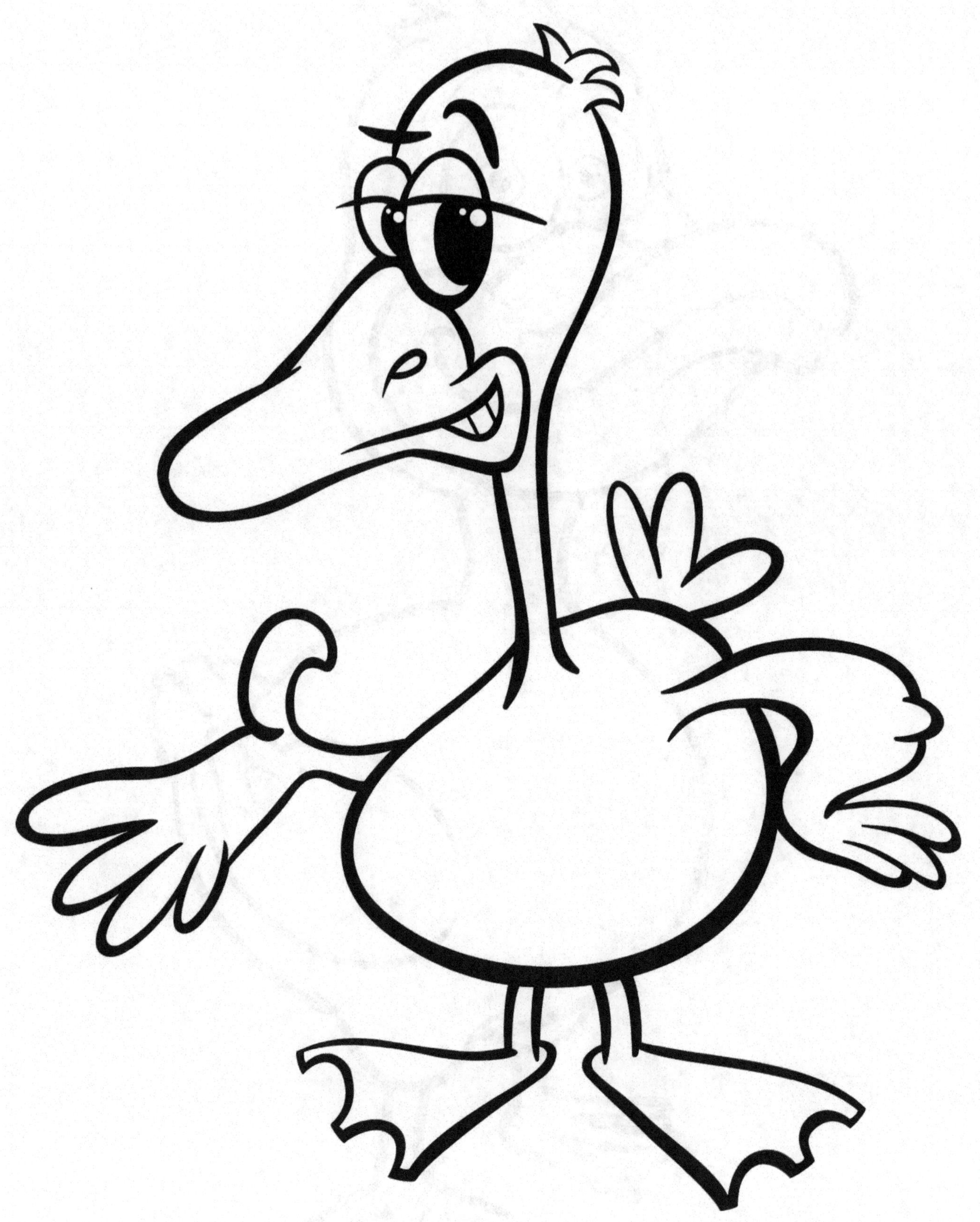

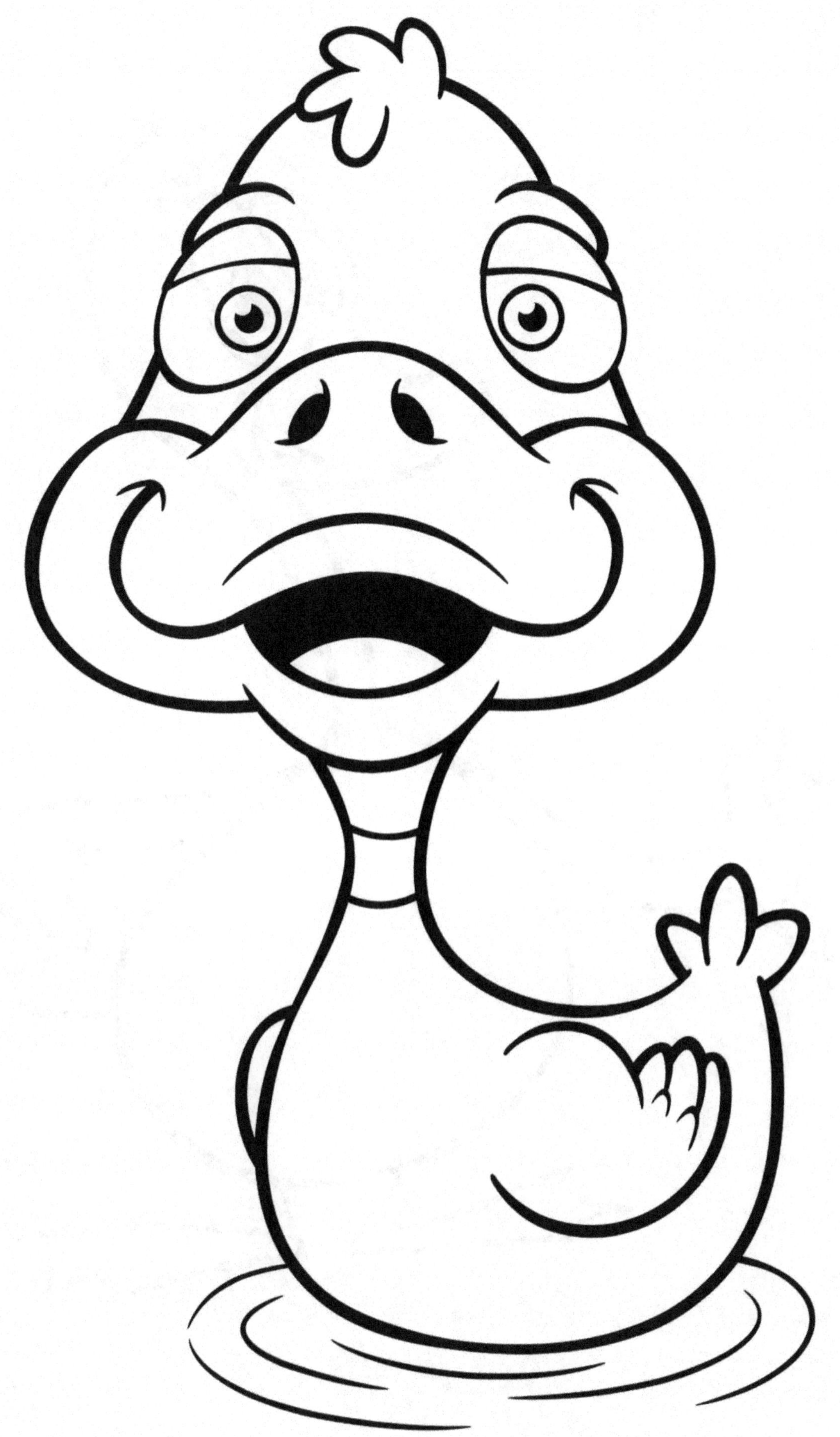

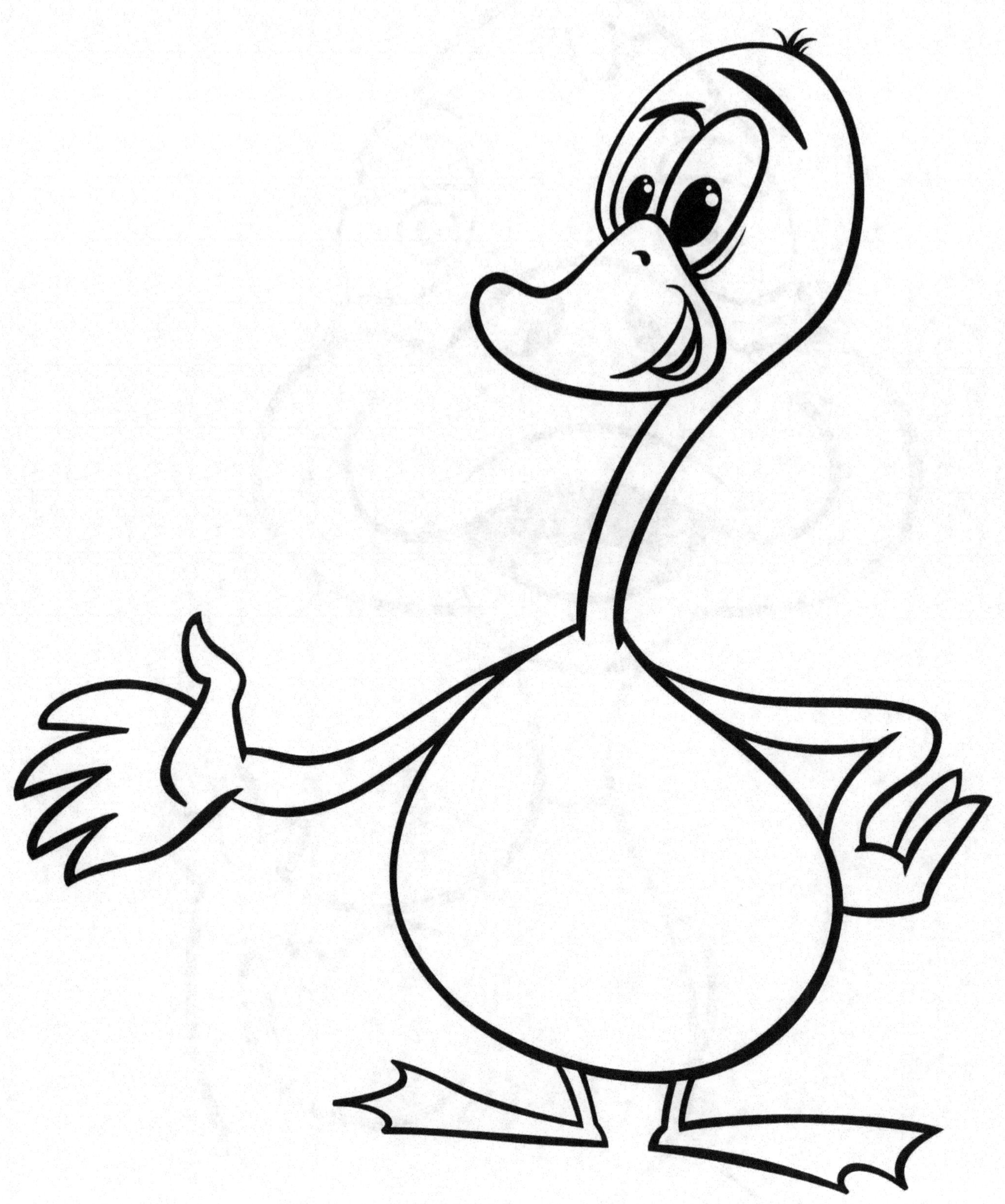

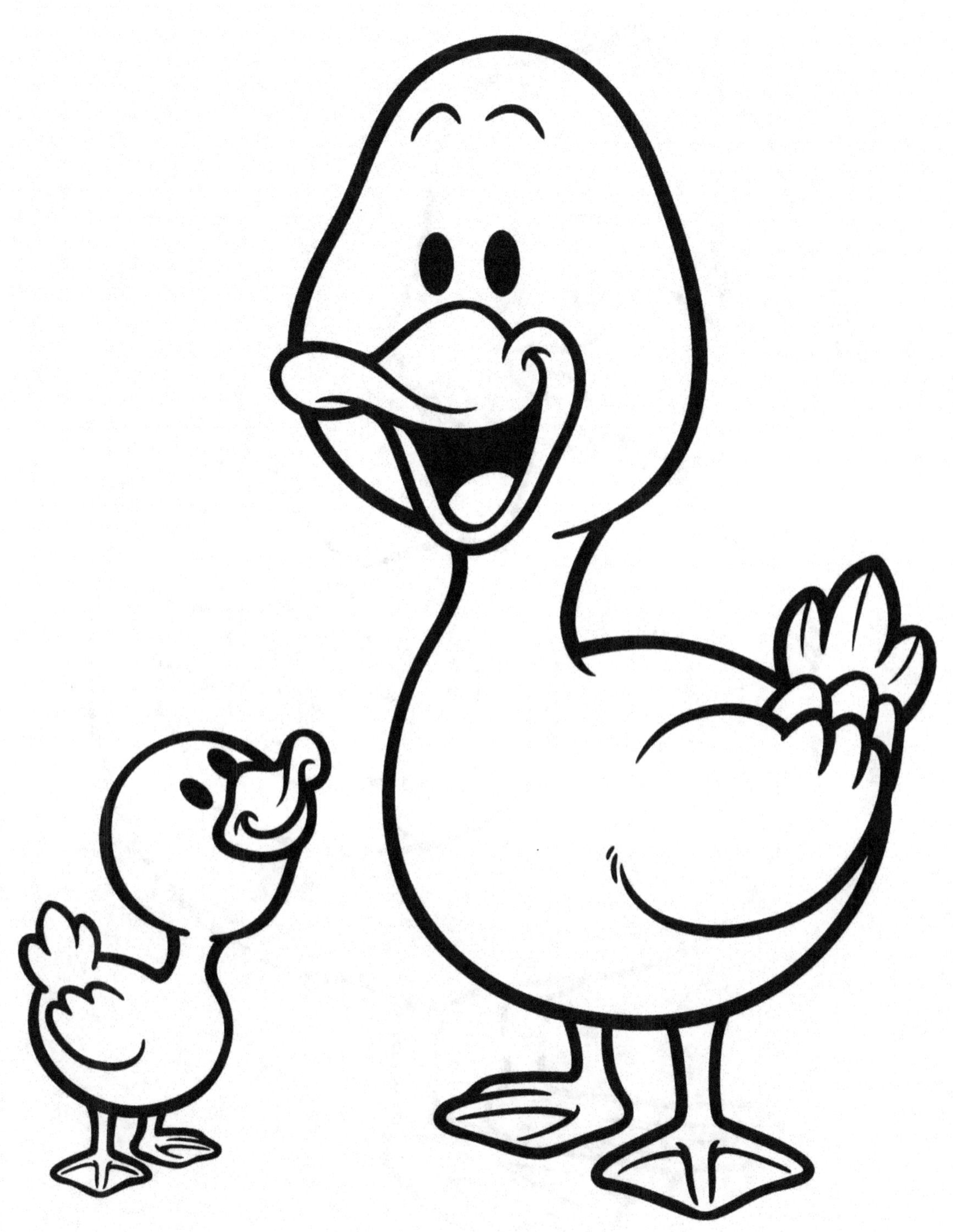

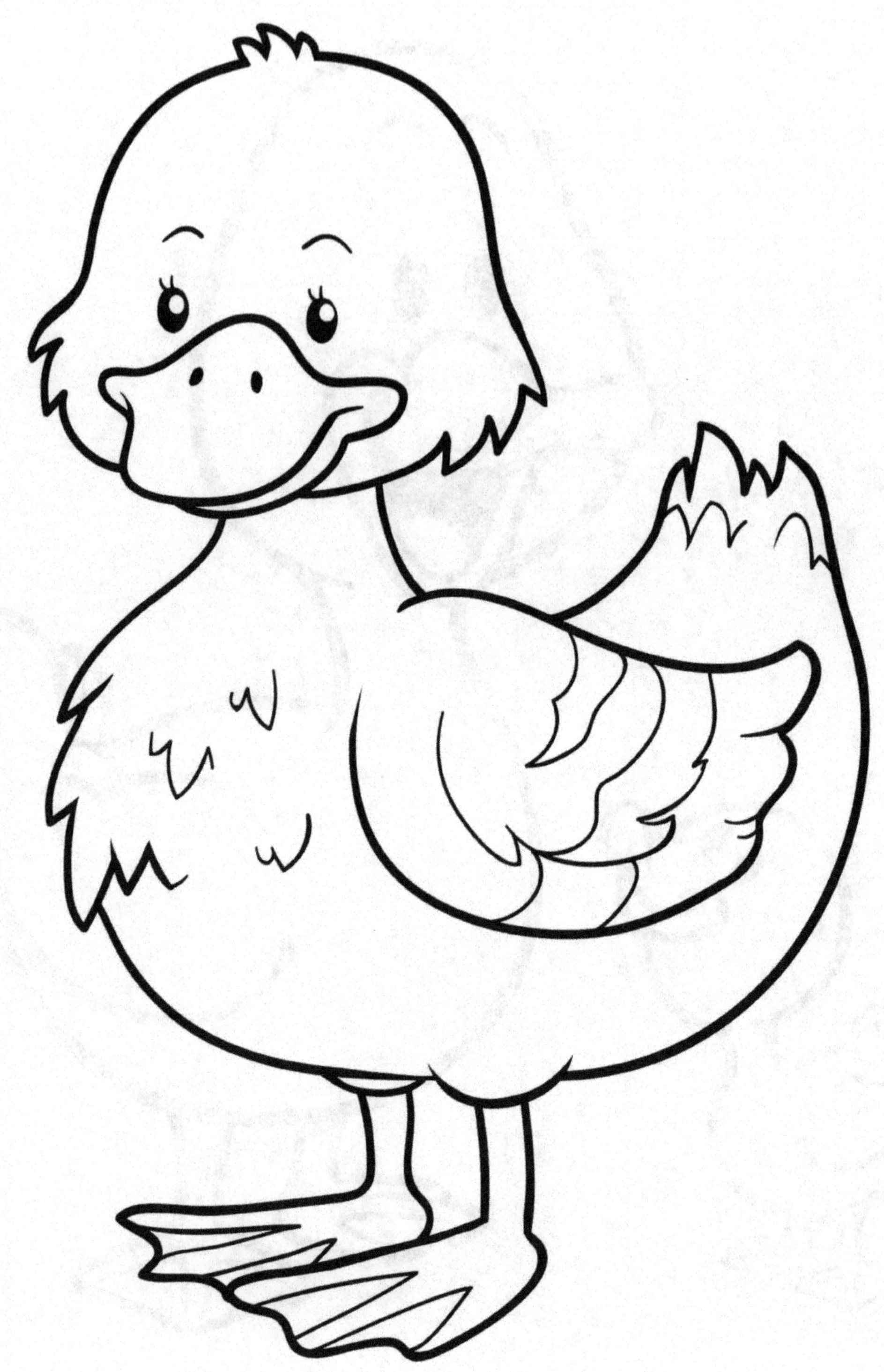

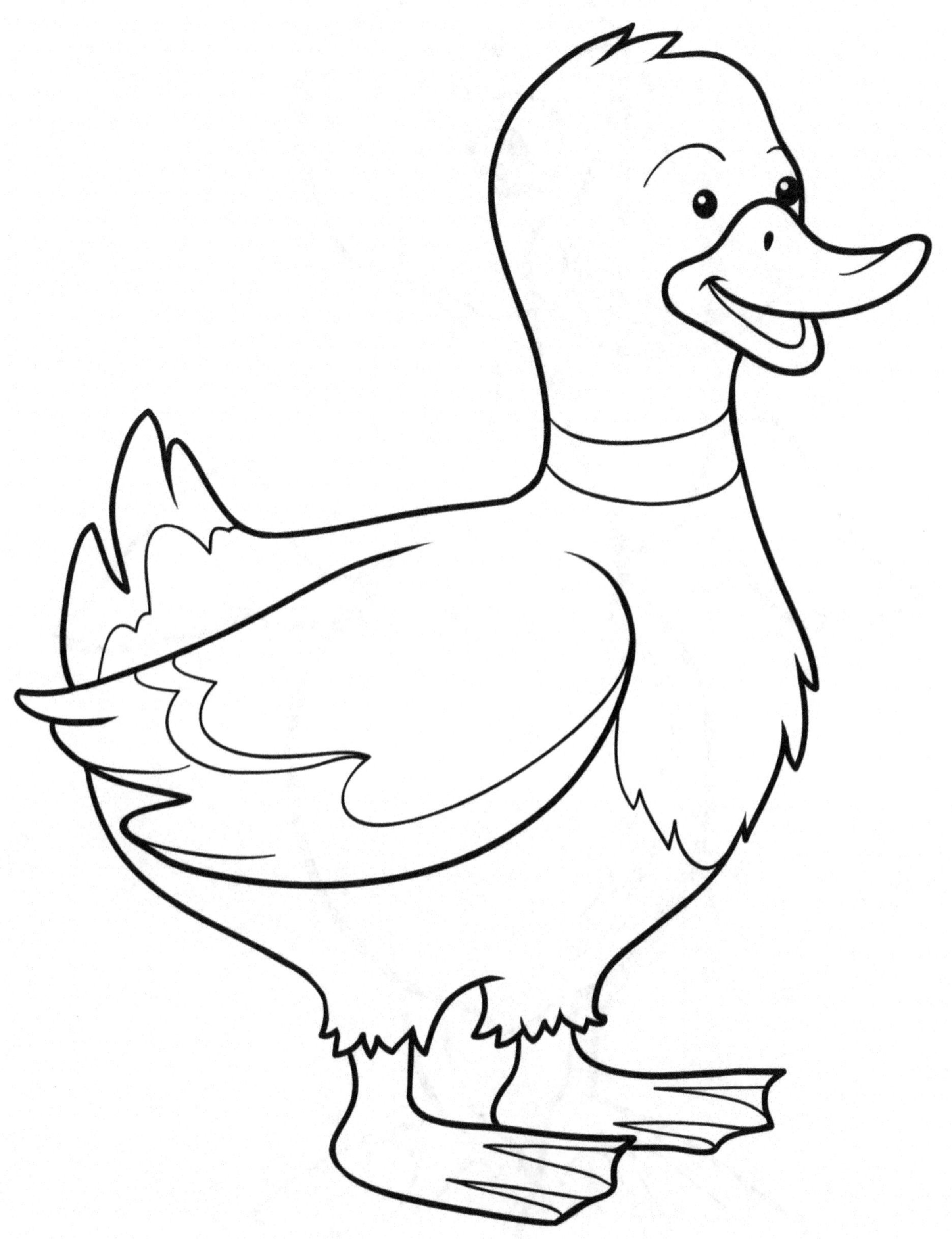

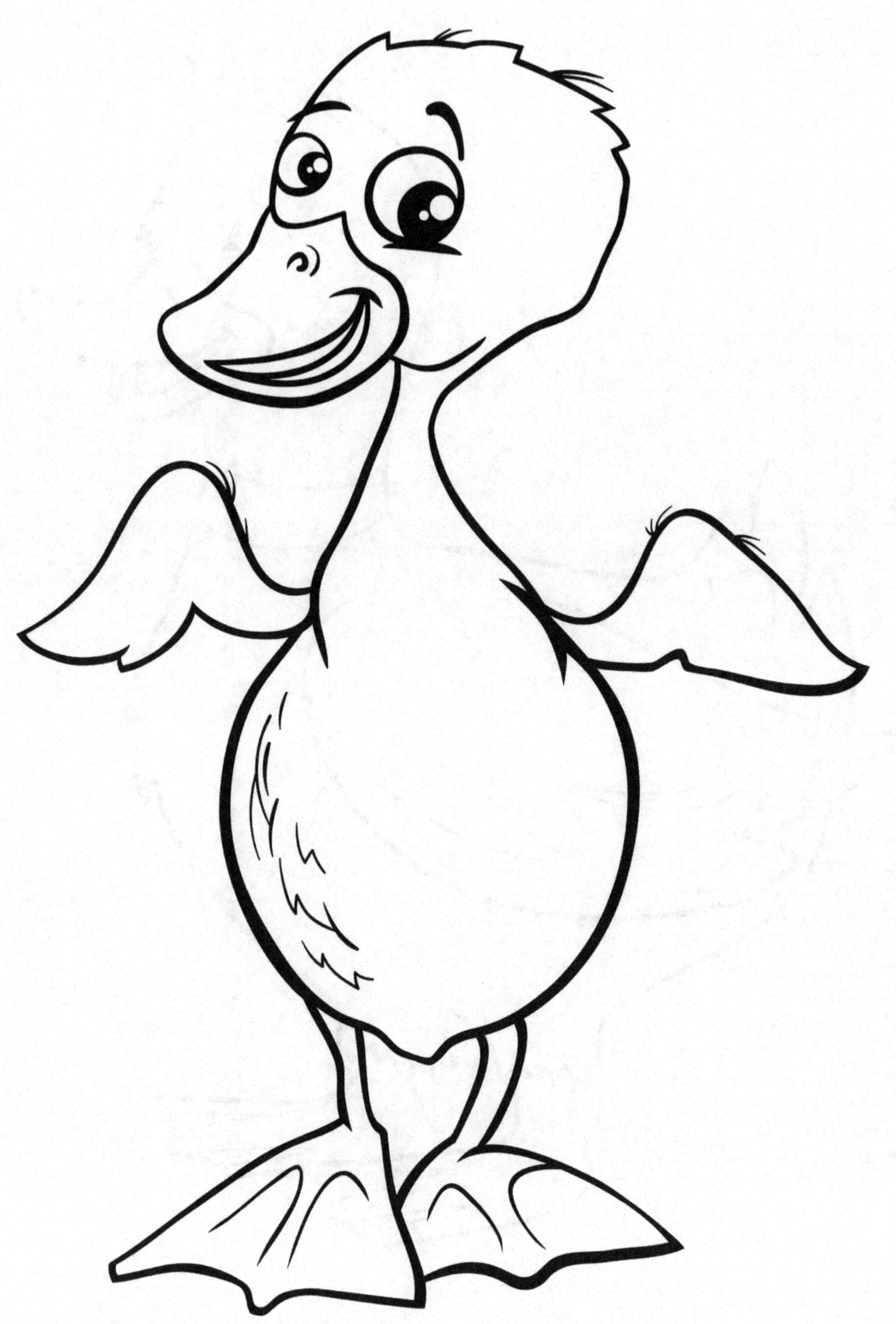

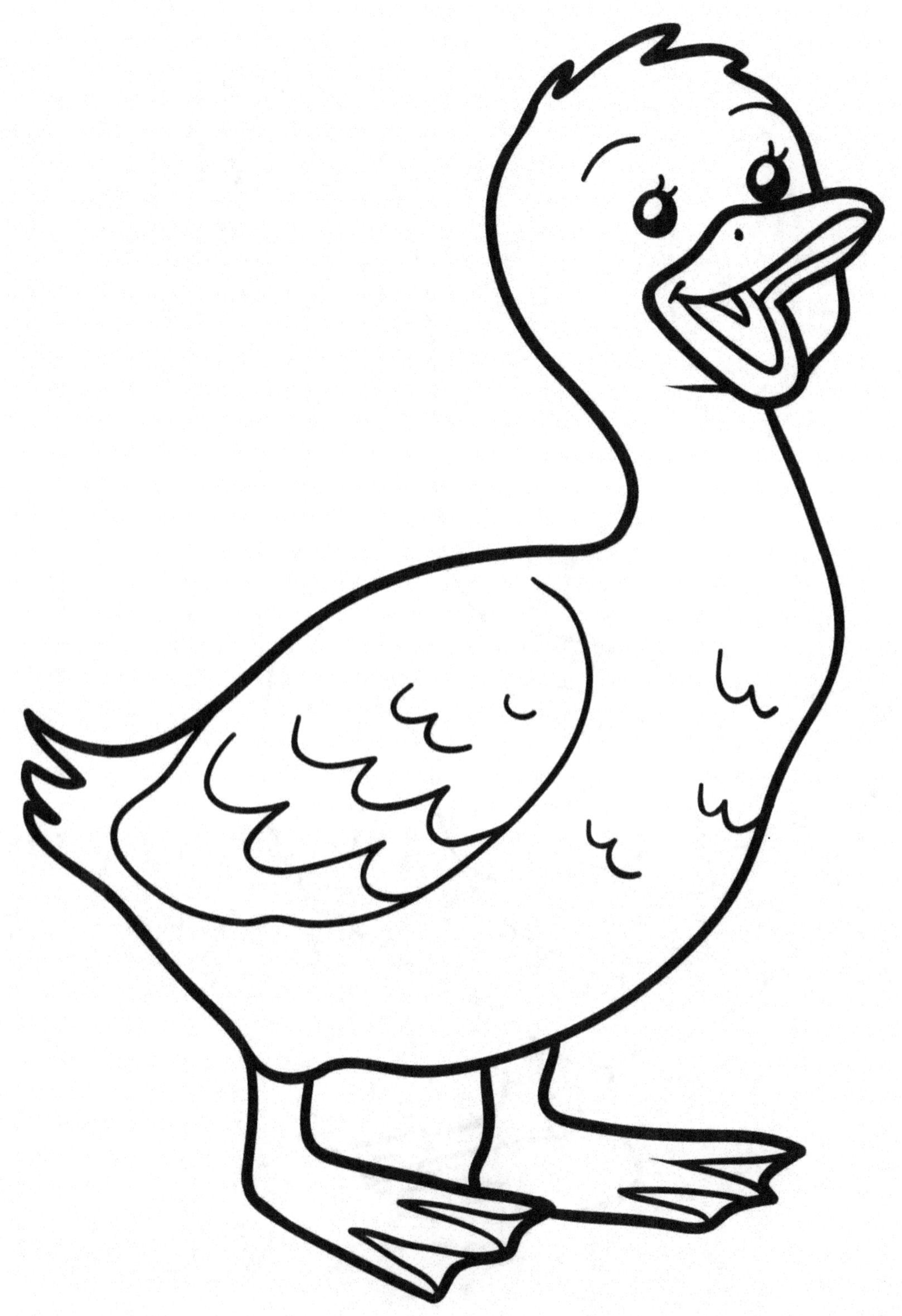

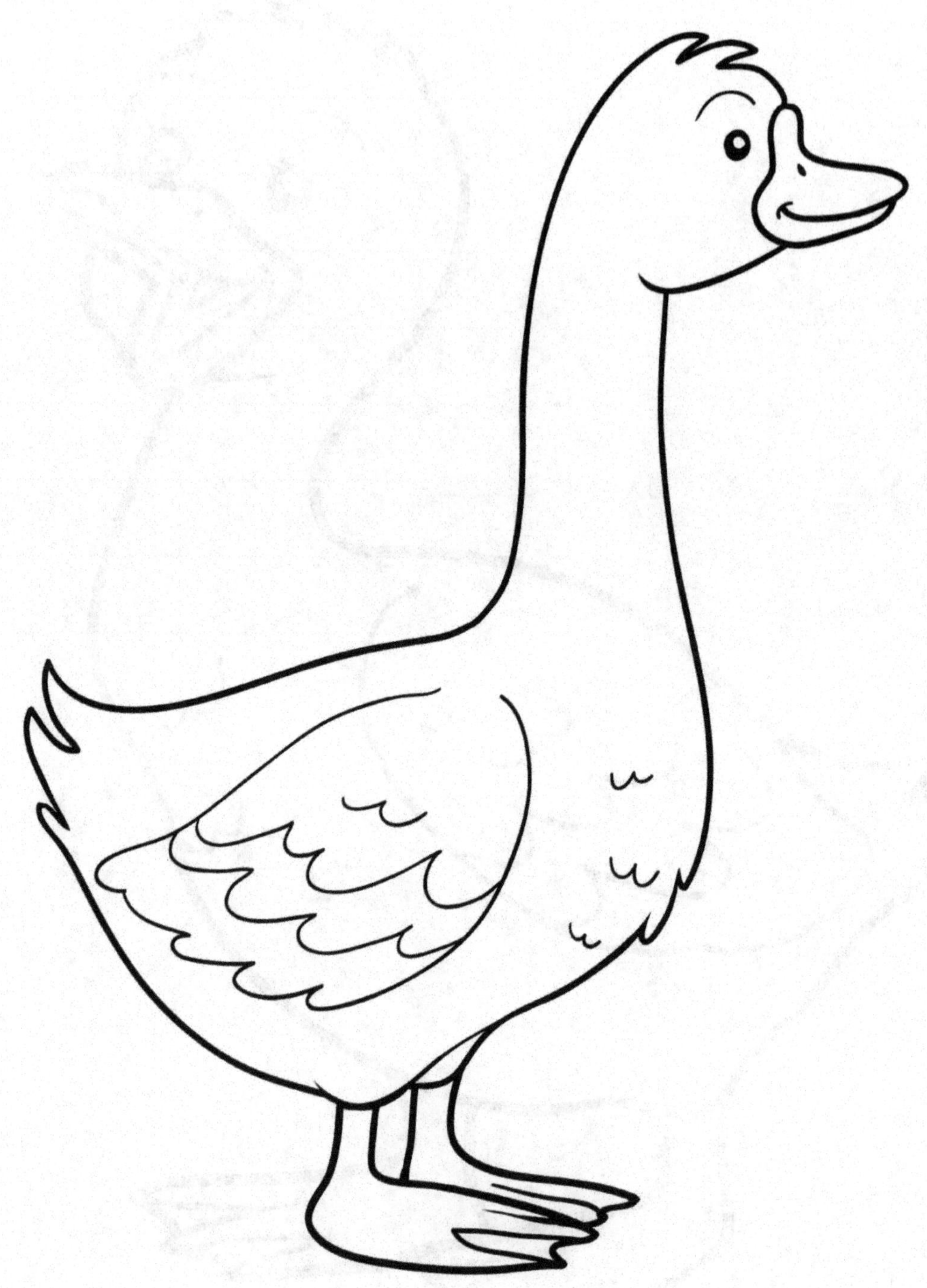

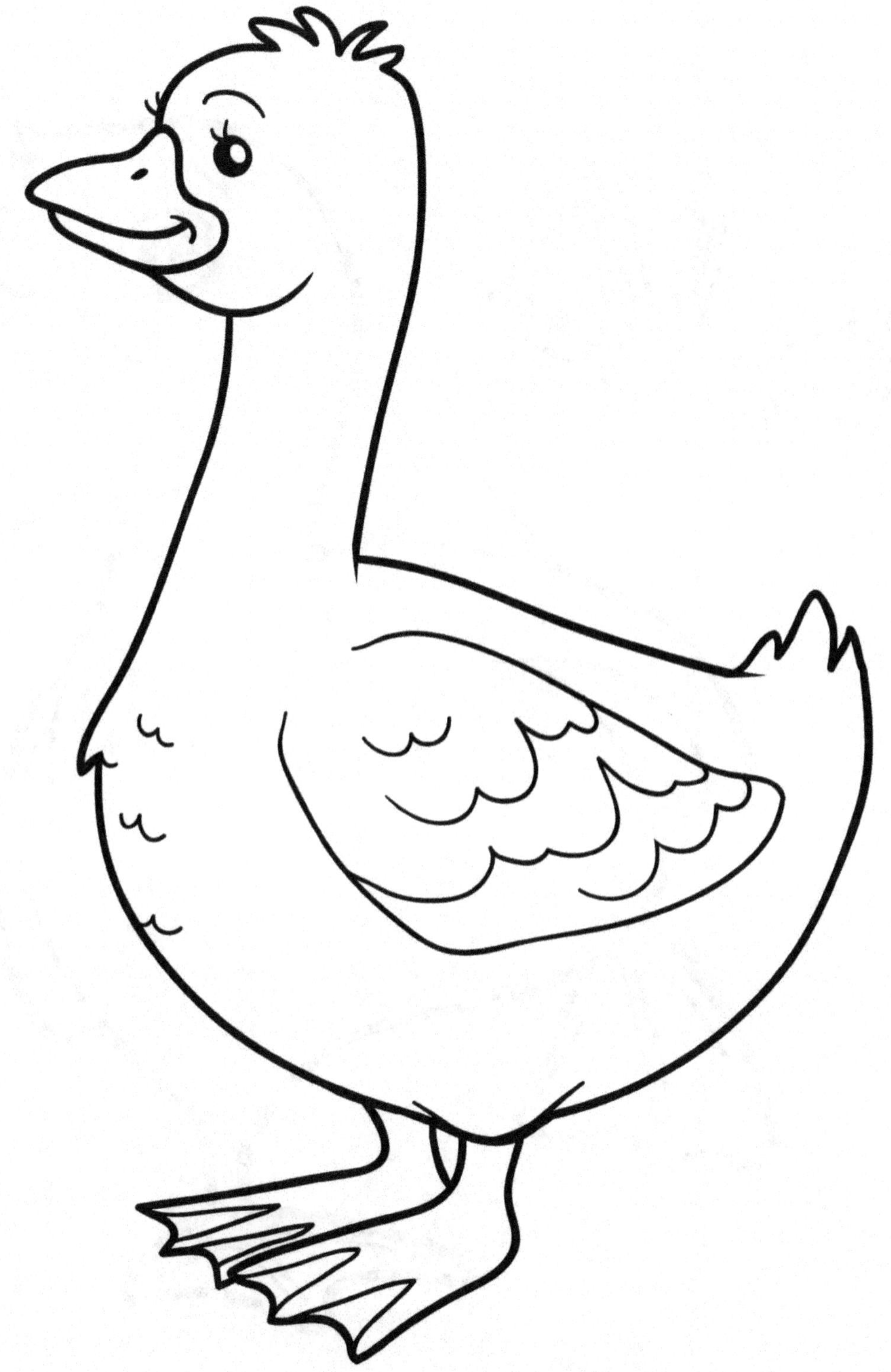

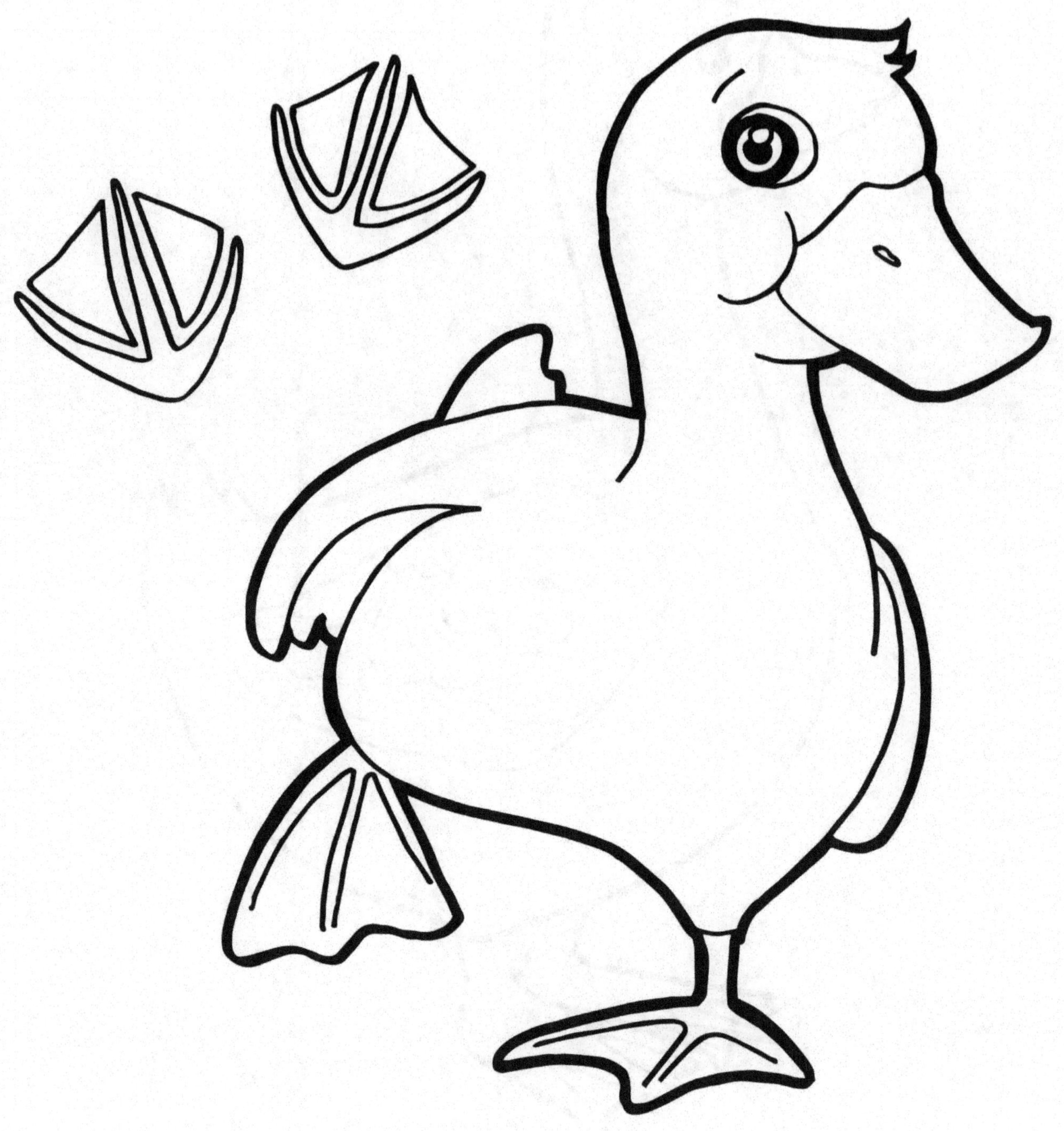

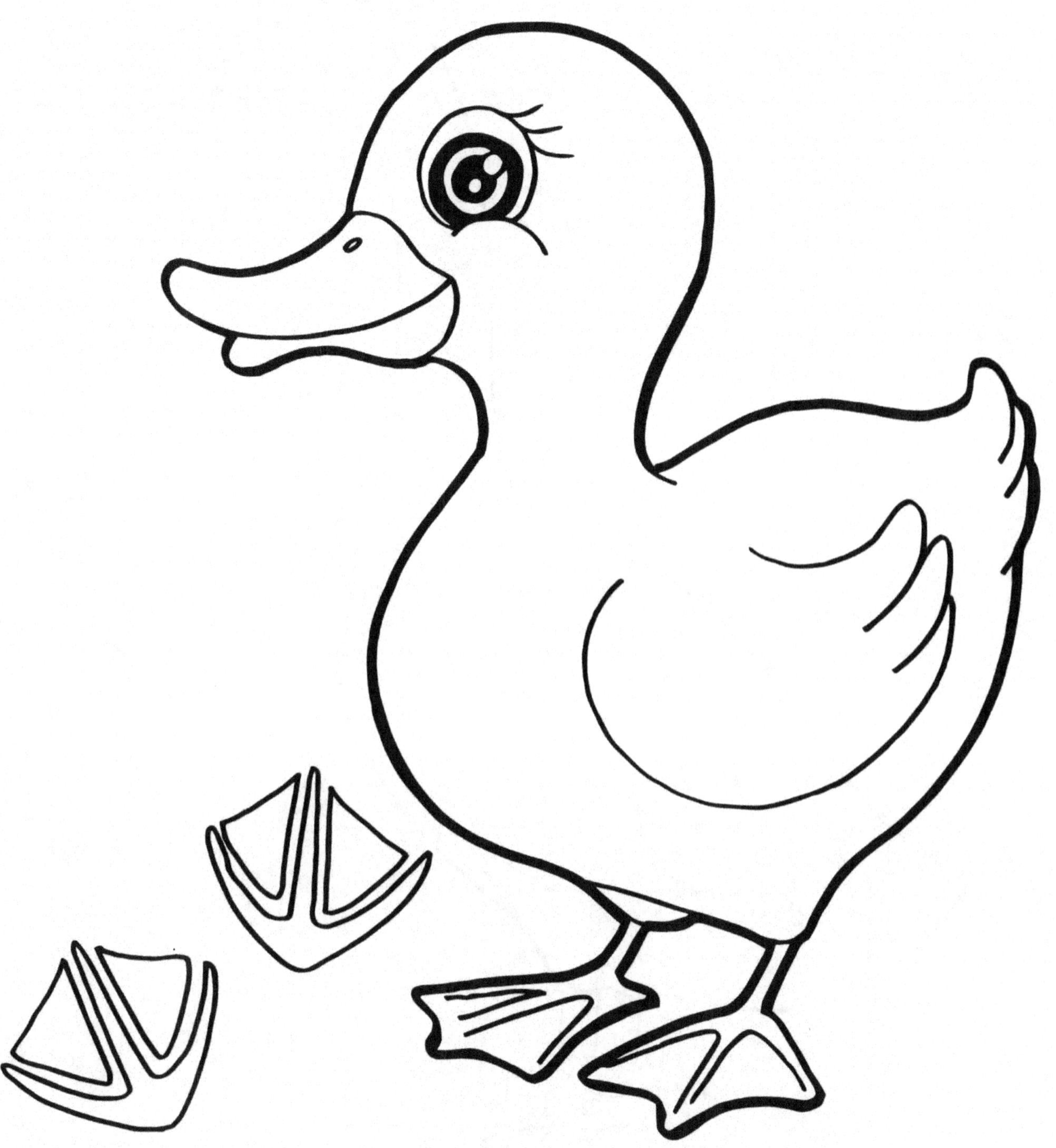

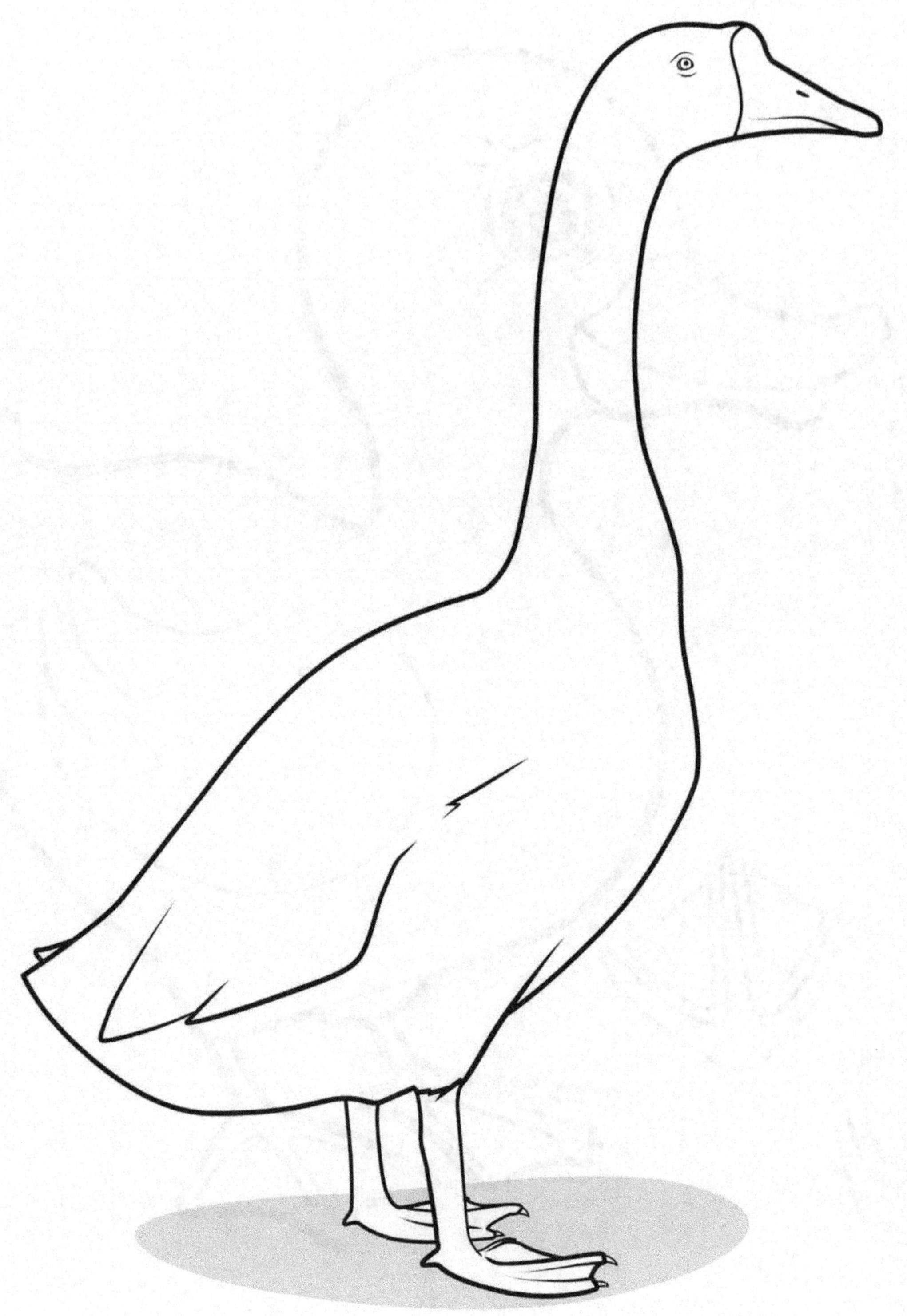

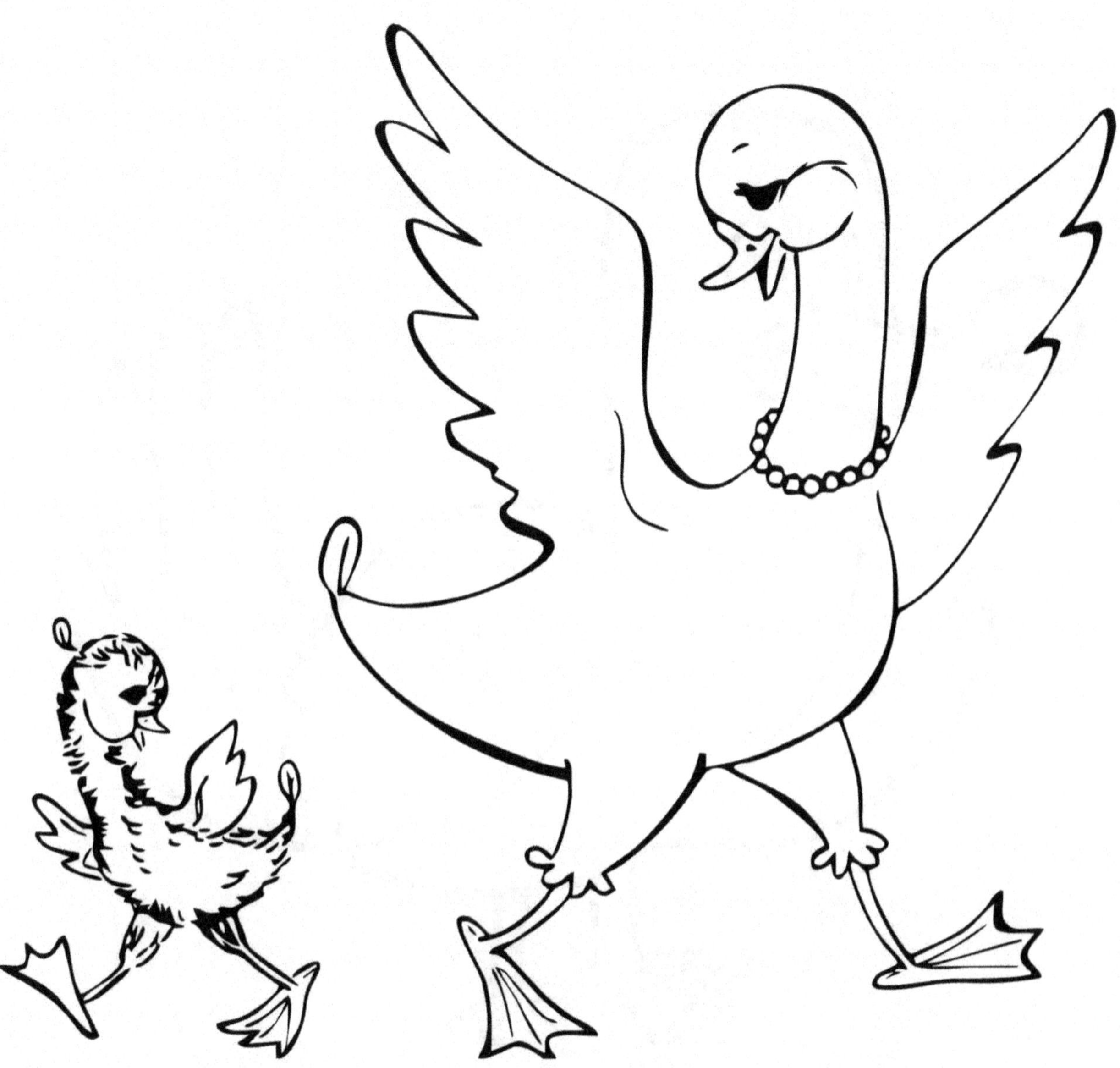

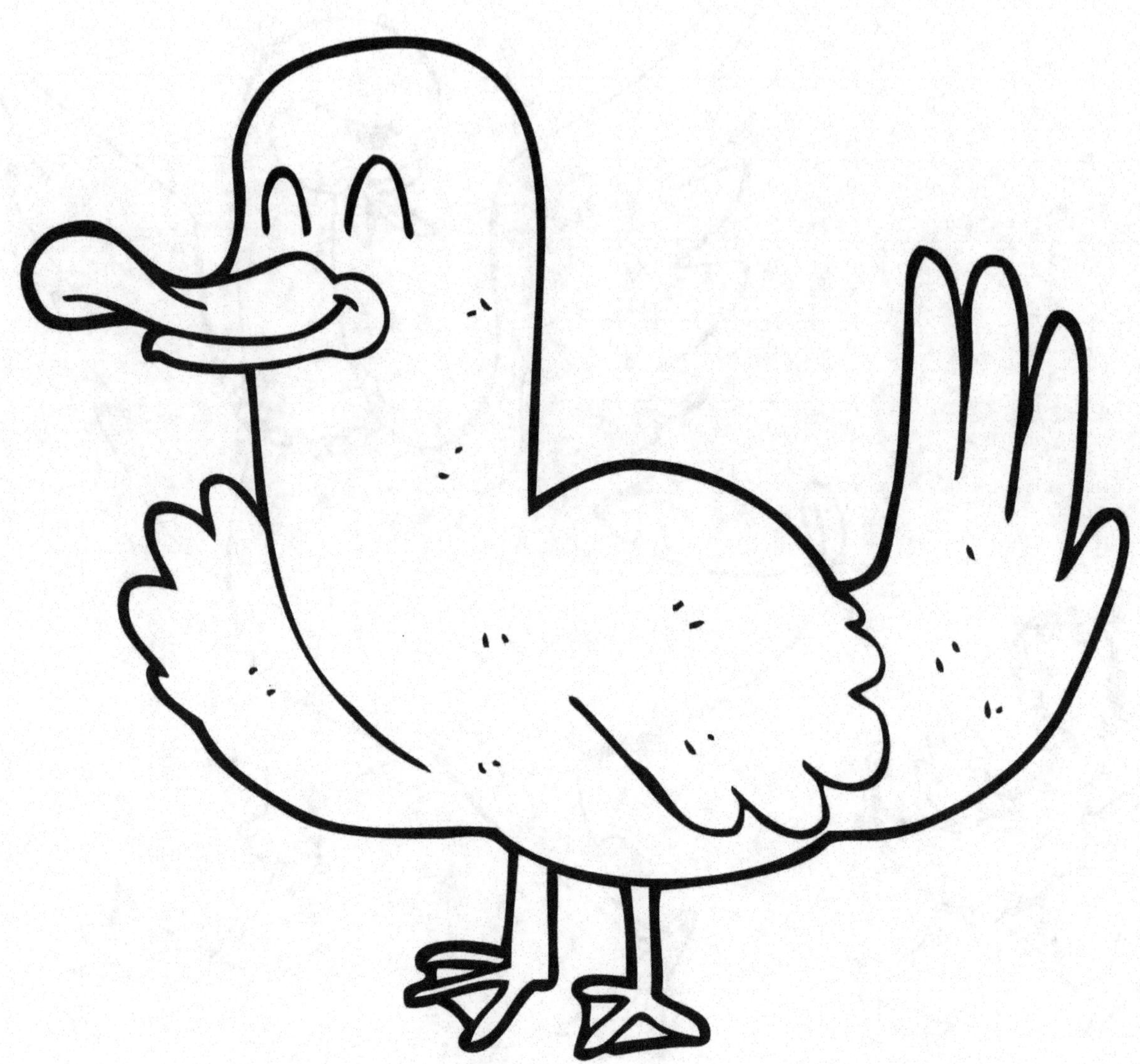

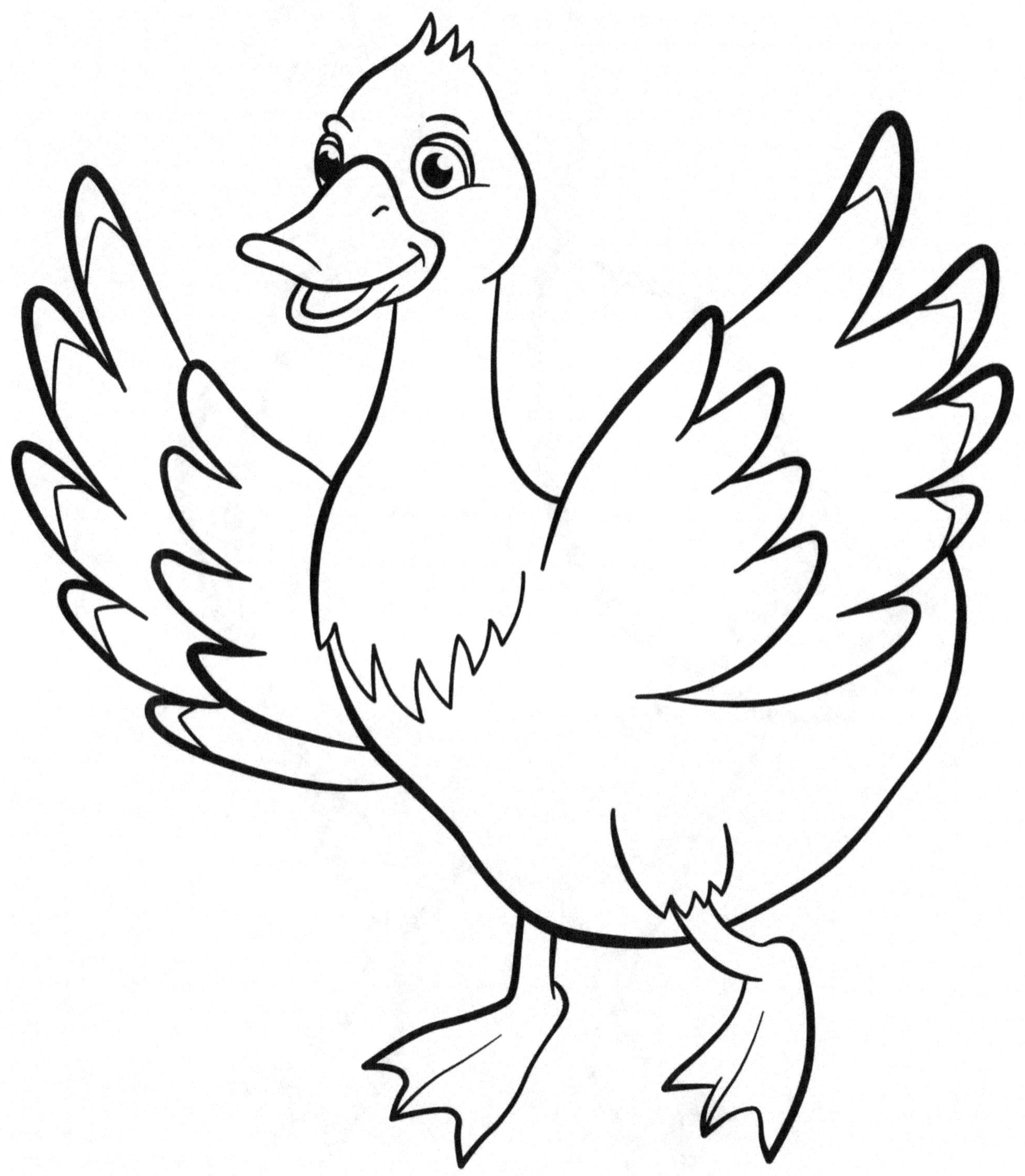

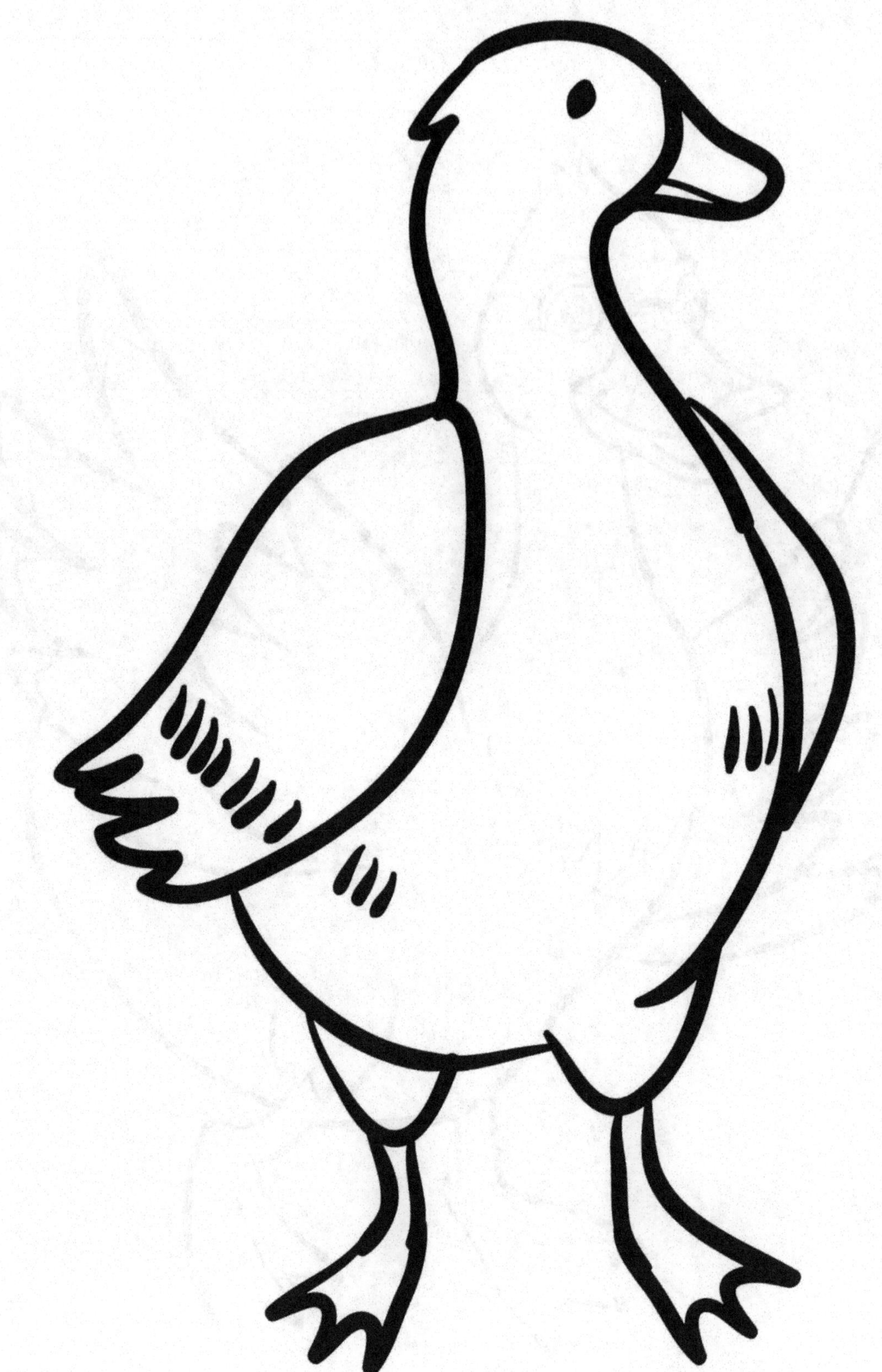

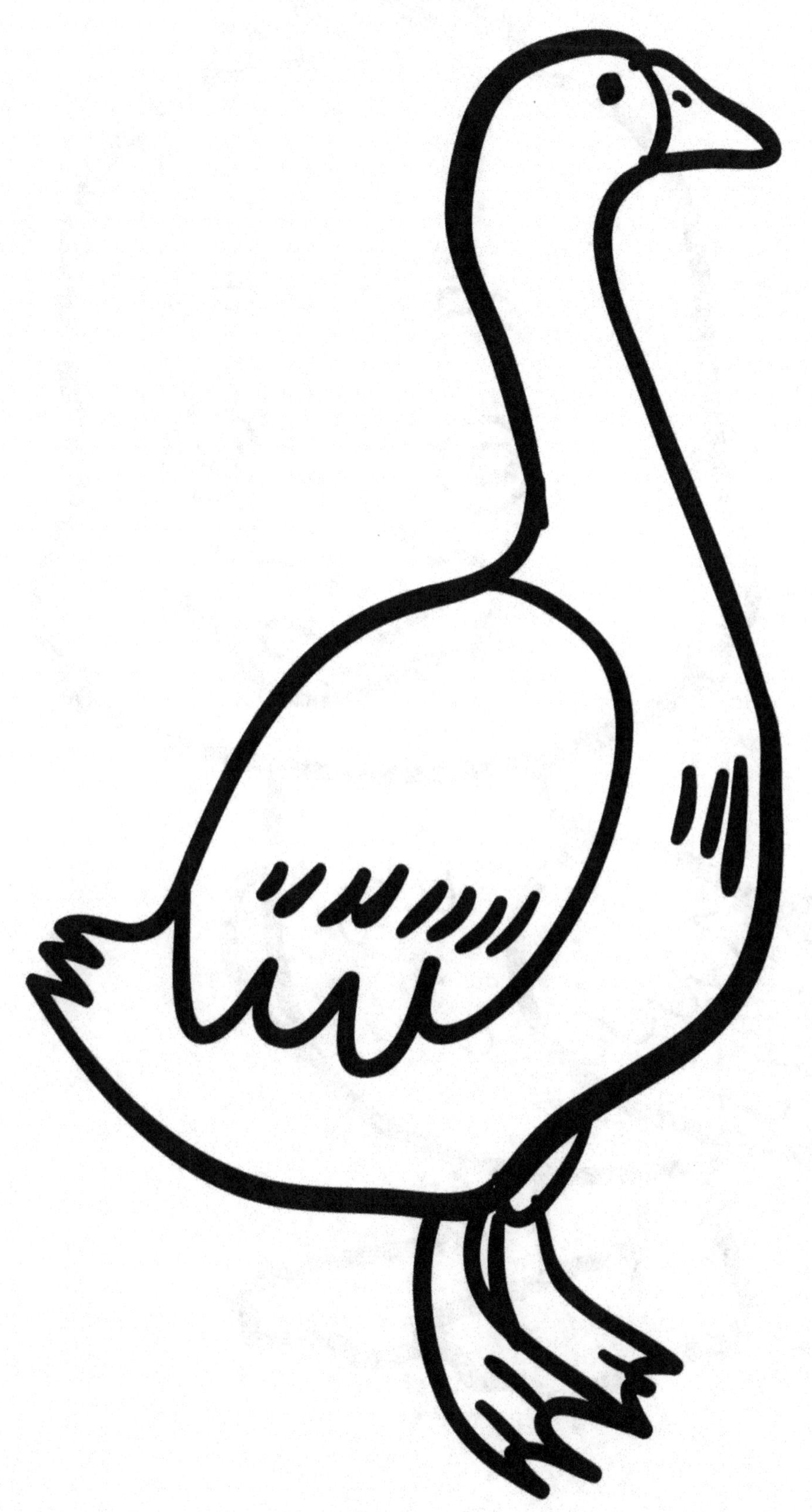

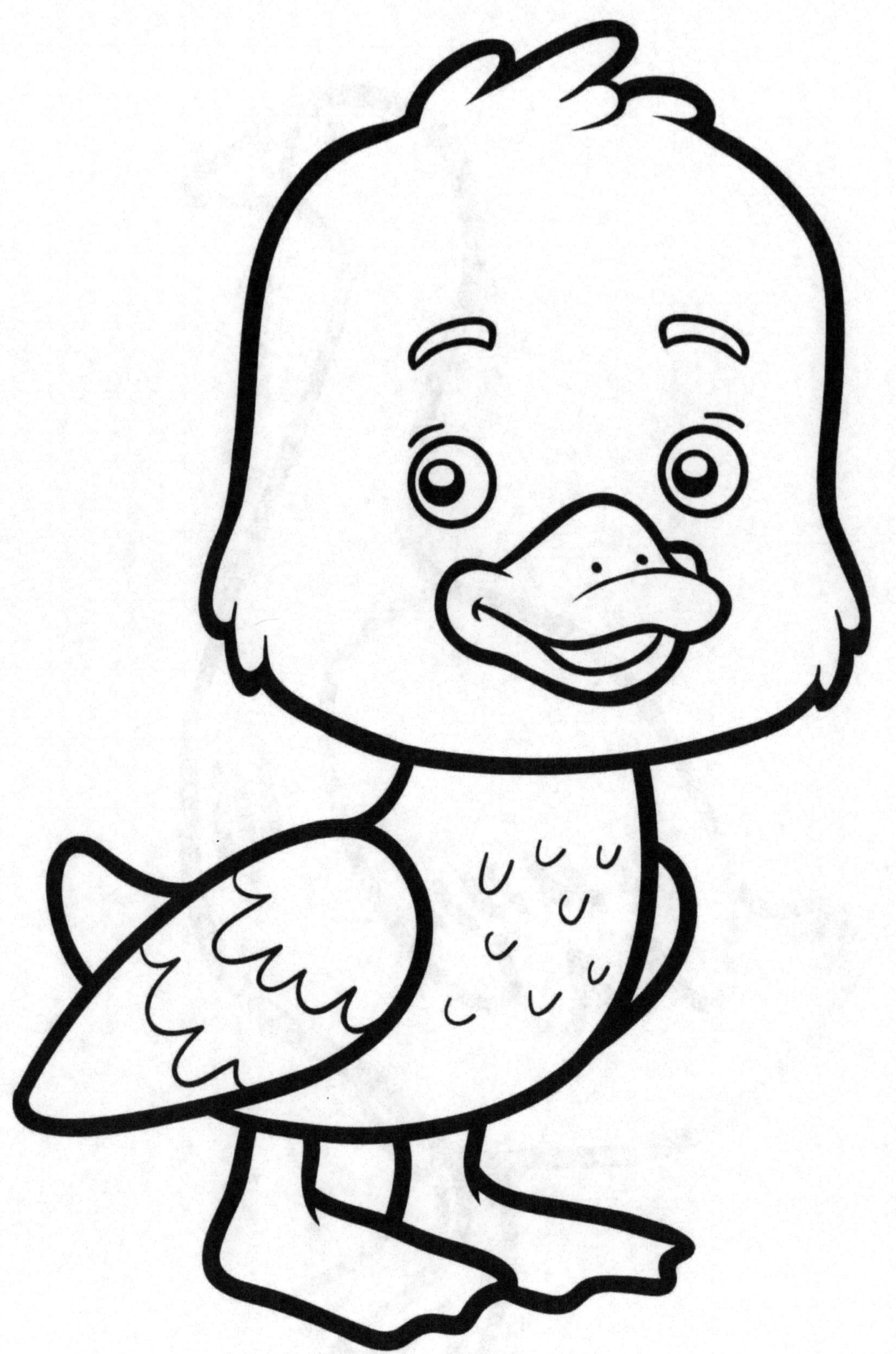

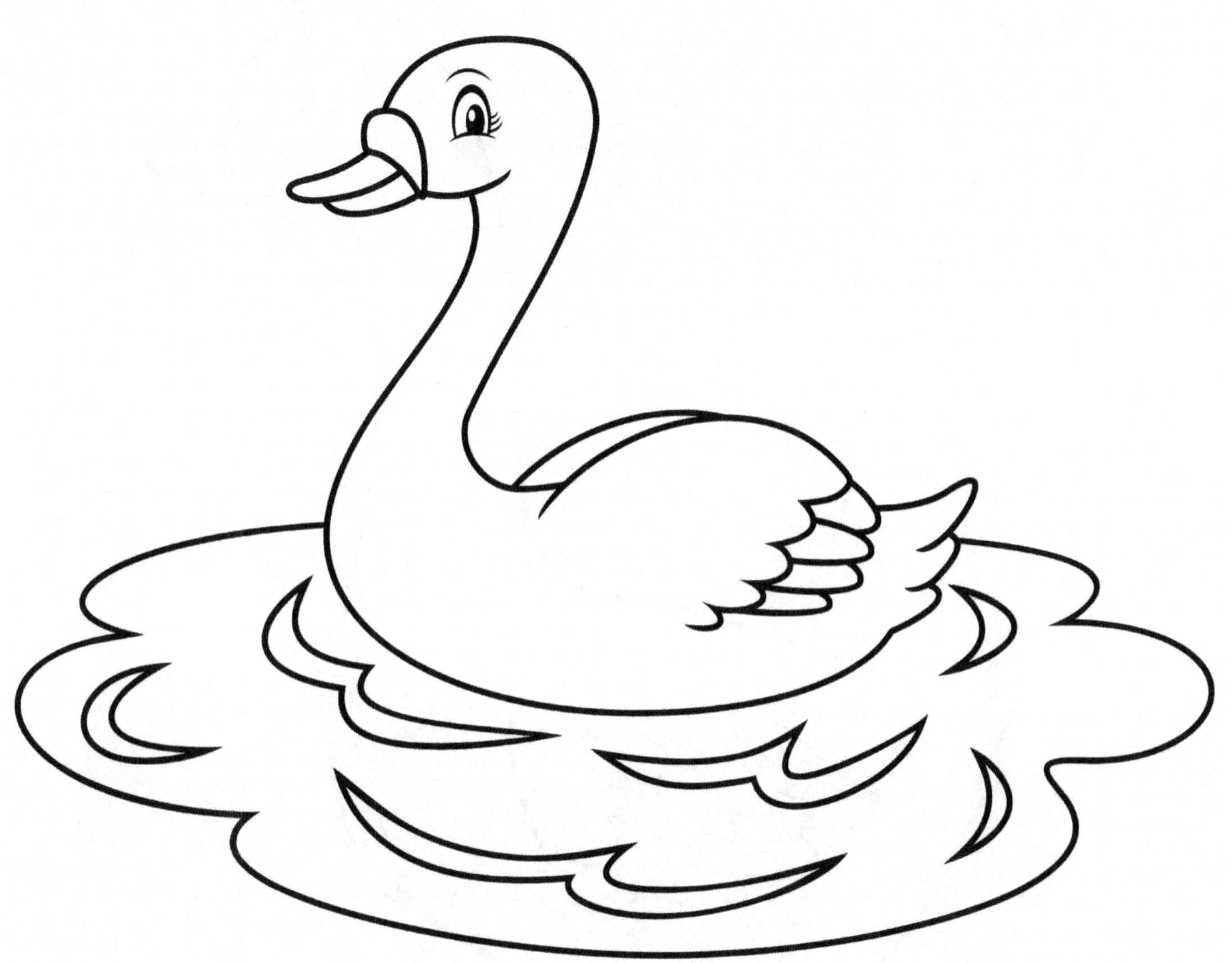

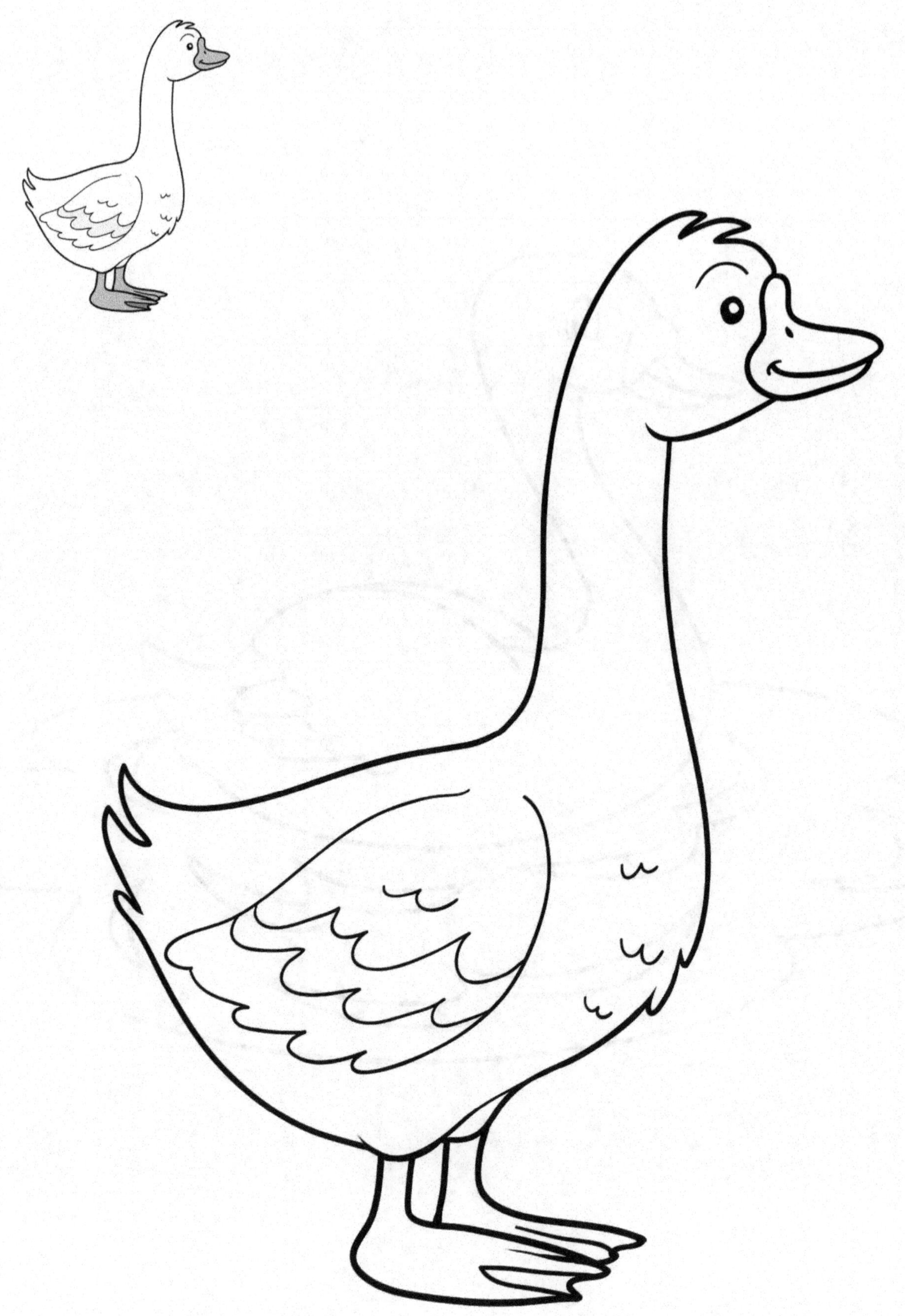